Les Enfants d'Izieu

Du même auteur

Premier Livre de poésie
Gautier-Languereau, 1969

La Scribure
Buchet-Chastel, 1982

Mère absente, Fille tourmente
Gallimard, 1983

Rouge Braise
Gallimard, coll. « Folio Junior », 1985

Le Guide des meilleurs livres pour enfants
Calmann-Lévy, 1986

L'Enfant-Lecteur
Autrement, 1988

Quand les oliviers marchent dans la plaine
livret d'opéra, version concert Festival d'Avignon, 1989

Les Enfants d'Izieu
cassette, texte dit par Bulle Ogier, Didaké, 1990

La Lettre brûlée
Syros, 1992

J'habite un poème
Seuil, coll. « Petit Point », 1993

Les Enfants d'Izieu
suivi du témoignage de Sabine Zlatin
(nouvelle édition revue et augmentée du livret d'opéra)
Seuil, 1994

Je suis amoureux d'une virgule
Seuil, coll. « Petit Point », 1995

Rolande Causse

Les Enfants d'Izieu

Au malheur
de mes onze ans

Seuil

COLLECTION DIRIGÉE PAR NICOLE VIMARD

EN COUVERTURE :
illustration de Yan Nascimbene

ISBN 2-02-011402-X
(ISBN 2-02-022132-2, édition brochée)

Préface

En 1943, Mme Sabine Zlatin et son mari Miron Zlatin fondèrent la Maison d'Izieu afin de recueillir des enfants juifs.

Avant de lire la bouleversante évocation de la tragédie qui s'est abattue le 6 avril 1944 sur la Maison d'enfants d'Izieu, il n'est pas inutile d'expliquer ce qu'était cette maison, pourquoi quarante-quatre enfants juifs se trouvaient dans ce petit village de l'Ain.

Nous exploitions, mon mari Miron Zlatin, trente-six ans, ingénieur agronome et moi, trente-trois ans, une ferme à Landas, dans le Nord, à quelques kilomètres de la frontière belge, lorsqu'en mai 1940, devant la foudroyante progression des divisions blindées nazies, nous avons dû abandonner la ferme et prendre le chemin de l'exode, vers le sud.

Infirmière de la Croix-Rouge militaire, j'ai été engagée à l'hôpital militaire de Montpellier, en zone « libre ». J'en ai été congédiée en 1941, comme juive, en application des mesures de discrimination raciale prises par le gouvernement de Vichy. Voilà comment, en 1941 et 1942, assistante sociale à la préfecture de l'Hérault, j'ai pu consacrer mon activité à faire sortir des enfants juifs des camps d'Agde, puis de Rivesaltes.

Dans les baraquements étaient entassées, sans le moindre souci d'hygiène, sur de la paille, des familles de réfugiés d'origine étrangère. Leurs conditions de vie étaient tragiquement insuffisantes, leurs perspectives d'avenir incertaines, sombres. A chacun de mes voyages, il me fallait obtenir du préfet de l'Hérault l'autorisation d'emmener plusieurs enfants juifs nommément désignés. Du tabac, des tickets de vin, glissés à certains gardiens, facilitaient les choses. Parfois, j'ai aussi pu sortir clandestinement quelques enfants tsiganes. Les enfants juifs étaient placés dans les maisons de l'OSE (Œuvre de secours aux enfants).

Lorsqu'en novembre 1942 la zone Sud a été occupée à son tour, la situation est devenue progressivement beaucoup plus difficile.

En avril 1943, nous décidions, mon mari et moi, de quitter Montpellier avec dix-sept enfants juifs et quelques moniteurs, pour essayer de trouver une maison dans la zone d'occupation italienne, plus tolérante que celle sous occupation allemande.

Le sous-préfet de Belley (Ain), Pierre-Marcel Wiltzer, réquisitionna pour nous une maison vide à Izieu. Il nous procura aussi le mobilier de première nécessité : lits, couvertures, matériel de cuisine, tables, bancs, etc.

Ainsi fut établie la « Maison d'enfants réfugiés de l'Hérault ». Miron prit en main le ravitaillement, tâche primordiale, ardue à cette époque.

Les enfants, dans ce site isolé, entouré de montagnes, loin des routes principales, choyés par les éducateurs, commencèrent à revivre.

Ces enfants, garçons et filles, avaient de quatre à dix-sept ans. Ils venaient de camps où leurs parents étaient restés enfermés. On leur voyait parfois un sourire, mais au fond de leur cœur grondait une révolte profonde.

Les plus grands travaillaient avec un sourd acharnement à l'école d'Izieu ou au collège de Belley. Souvent, pendant les vacances, je les trouvais plongés dans un livre. Ils prenaient rarement part aux jeux. Jamais je ne les ai entendus dire : « Que c'est beau, ces fleurs, la montagne, le Rhône. » Ils vivaient alors dans leur univers d'isolement.

Quant aux petits, ils adoraient jouer, chanter. Ils voulaient vivre. Dans leur cœur, le cauchemar des camps était presque oublié. Quand un visiteur venait à la Maison, ils tendaient leurs mains et lançaient de grands bonjours. Ces enfants, avec le temps, peu à peu, cessaient de pleurer et ne réclamaient plus leurs parents.

Ils étaient entourés de la chaleureuse présence des éducatrices et du docteur Suzanne Levan-Reifman, une femme admirable qui savait les écouter et soigner leurs petits bobos.

L'institutrice, Mme Tardy, qui était affectée à la Maison et y faisait sa classe, vantait leur intelligence et leur éveil précoce, l'une et l'autre au-dessus de leur âge. C'est elle qui leur apprit le chant que les enfants entonnèrent dans les camions de la Gestapo : « Vous n'aurez pas l'Alsace et la Lorraine. » Les enfants d'Izieu avaient la haine du nazisme et l'amour de la France.

Dans cette maison, renaissait l'espoir.

Cependant les difficultés matérielles rendaient de plus en plus précaire la survie de la Maison. Organisés au départ pour dix-sept enfants, nous en avons accueilli beaucoup d'autres, envoyés par l'OSE, qui dispersait ses propres maisons d'enfants. Puis l'UGIF (Union générale des Israélites de France) se mit aussi à nous envoyer des enfants qu'elle ne savait où placer. Ces enfants qui nous arrivaient sans que nous soyons prêts à les recevoir, comment ne pas les accepter ? Nous nous sommes trouvés avec quatre-vingts enfants. Nous avons dû installer un dortoir dans la grange.

Depuis les tout derniers mois de 1943, nous étions sans ressources.

Entre-temps, heureusement, mon mari avait noué d'étroites relations avec les maquis environnants. Quand Miron put exposer en détail notre situation au colonel Romans-Petit, le chef des maquis de l'Ain, celui-ci nous fournit immédiatement les fausses cartes d'alimentation indispensables. Il nous fit parvenir aussi du ravitaillement et une aide financière. C'est à la Résistance que la Maison d'Izieu doit d'avoir survécu, dans les premiers mois de 1944.

Nous avons pu réduire les effectifs en faisant partir les aînés par une filière, vers la Suisse, et en plaçant quelques enfants dans des institutions catholiques et protestantes, grâce à l'entremise du Père Chaillet, fondateur de *Témoignage chrétien* dans la clandestinité. Le 6 avril, il restait quarante-quatre enfants...

Quelques jours auparavant, Miron et moi étions décidés à dissoudre la Maison et à disperser les enfants. Nous en avions fixé la date au lundi de Pâques. Je partis à Montpellier et repris contact avec l'abbé Prévost, le directeur de l'Institution Saint-François-Régis : il acceptait de recevoir une vingtaine de garçons. Très contente de ce premier résultat, je devais prendre le train dans la soirée du 6 avril 1944 pour retourner à Izieu. C'est à midi, ce jour-là, que m'est parvenu chez mon amie Berthe Weber, un télégramme anonyme, terrible dans sa brièveté : « Famille malade. Maladie contagieuse. »

Le soir même, je suis partie pour Vichy, alerter les services gouvernementaux. « Pourquoi vous occupez-vous de ces sales youpins ? Adressez-vous au chef de la Milice », m'a-t-on répondu. J'ai été à la direction de la Milice. Leur seul commentaire fut que je méritais d'être arrêtée et que je le serais si j'insistais. A Paris, la Croix-Rouge française ne pouvait rien faire. Elle était présente à Drancy, où, après la prison de Montluc, avaient été transférés les enfants, le personnel d'encadrement et mon mari.

La tragédie était consommée, irrémédiablement. Et nous n'en connaissions pas encore l'issue fatale. Toute la barbarie n'en sera connue que des mois plus tard, lorsque les armées alliées découvriront, horrifiées, les camps de concentration et les camps d'extermination, dans les territoires où le régime nazi avait fait régner la terreur. Mon mari et deux grands garçons, Arnold Hirsch et Théo Reiss, ont été transférés dans une forteresse à Revel (actuellement Kaunas) et fusillés le 31 juillet 1944, à l'arrivée des armées soviétiques.

Depuis la fin de la guerre, deux fois par an, nous allons nous recueillir à Izieu, déposer des fleurs devant la plaque où figurent les noms des quarante-quatre enfants, des personnels d'encadrement et de mon mari. Fleurir aussi le monument élevé en 1946 à Brégnier-Cordon grâce à une souscription nationale placée sous l'égide du Général de Gaulle. Le docteur Léon Reifman, seul moniteur rescapé

La Maison d'Izieu
et quelques-uns des enfants.

de la rafle, et moi-même sommes accompagnés de quelques amis.

Nous tenons à ces moments de recueillement et de souvenir, parce que les crimes du nazisme ne doivent à aucun prix tomber dans l'oubli. Celui d'Izieu est l'un des plus atroces commis en France pendant les sinistres années de l'occupation nazie. Il doit rester dans la mémoire des Français pour que jamais de telles horreurs ne soient de nouveau possibles, faute d'avoir montré à temps assez de vigilance.

Avec l'instruction du procès Barbie, le drame des enfants d'Izieu, qui avait été oublié, a été « découvert ». Les journaux, la radio, la télévision ont alors parlé de ce crime contre l'humanité. Des groupes d'écoliers et d'étudiants ont été voir la Maison. Ils ont appris un peu de la réalité de ce que furent les années d'occupation.

Peut-être les générations qui ont vécu cette époque avaient-elles trop vite cherché à en oublier les cruautés. C'est le grand mérite de ce livre que d'en faire revivre, avec pudeur et émotion, quelques-uns des moments les plus tragiques.

Qu'il me soit permis d'évoquer brièvement deux des souvenirs que j'ai toujours dans l'esprit quand je pense aux enfants d'Izieu. Depuis quarante-cinq ans, ils ne me quittent guère.

Chaque soir, quand les enfants étaient couchés, je passais dans les dortoirs les embrasser et leur souhaiter bonne nuit. Un matin, au petit déjeuner, le plus jeune des enfants, Albert Bulka, que nous avions surnommé Coco, passe devant moi, l'air triste et des larmes aux yeux. Je le prends dans mes bras et lui demande la cause de son chagrin. Il m'a répondu à peu près ceci : « C'est à cause de toi. Hier soir tu n'es pas venue m'embrasser et tu ne m'a pas pris dans tes bras. J'ai pleuré longtemps avant de m'endormir. Alors dis-moi pourquoi hier soir tu n'es pas venue m'embrasser. » Je lui ai répondu que c'était exceptionnel, que c'était vrai, je n'étais pas montée dans son dortoir, parce qu'un Monsieur très important était venu me parler de la Maison. Je l'ai serré dans mes bras et lui ai demandé : « Tu me pardonnes ? » Il a répondu : « Oui, à condition que tu n'oublies plus jamais de m'embrasser. » Ouf ! La paix était rétablie avec mon cher coco.

Un autre souvenir :

Le 13 janvier 1944, jour de mon anniversaire, je me trouvais à Montpellier, où j'étais venue payer la pension d'enfants placés dans des familles et remettre de petites sommes à des adultes qui y vivaient cachés. Ce 13 janvier j'ai reçu de tous les enfants des lettres. Je les garde précieusement. Dans presque chacune de leurs lettres, les enfants parlent de la paix, des retrouvailles avec leur famille et ils me souhaitent de retrouver la mienne. Voici quelques extraits de la lettre de Mina : « Mes vœux, tout en étant bien grands, sont aussi bien simples... je souhaite encore de tout cœur que vous fêtiez votre prochain anniversaire, ainsi que tous les suivants, dans votre famille... Nous aurions bien voulu que vous soyez parmi nous pour partager notre bonheur ensemble, mais nous comprenons bien que c'est impossible... Je termine ma lettre en vous embrassant bien tendrement. Mina. »

Sabine Zlatin

Izieu
cache heureuse

Ce sont des enfants
Quarante-quatre
Ils habitent une maison au nom étrange
La maison des enfants réfugiés de l'Hérault

Charles et Nina rient ce matin-là en descendant l'escalier
Émile, aux yeux d'un bleu transparent, pleure
à chaque marche
Albert, le plus petit, à peine quatre ans, bavarde
avec Barouk
Mina serre la main de sa petite sœur qui ne la quitte
jamais
Hans se frotte les yeux
Liane chante et saute

La cloche qui les appelle au petit déjeuner a retenti

Affamé, Max se réjouit d'un bol de cacao
Et de tartines de confiture
Il court et bouscule Paula qui rouspète

Ce sont des enfants
Quarante-quatre

C'était le JEUDI 6 AVRIL 1944

C'étaient des enfants

Il y avait encore Sami, Richard, Élie, Lucienne, Fritz,
  Georges, Martha
Ils avaient de quatre à dix-sept ans

Ils étaient quarante-quatre
Dans la maison d'Izieu
Au pied de la montagne

Plantée sur une crête
Cette lourde bâtisse était accueillante et rassurante

Une vaste salle à manger, des chambres-dortoirs
Une pièce-école
Une lingerie, une infirmerie
De multiples recoins, des dépendances, une terrasse
Des lieux de jeux uniques

Les enfants venaient de quitter le lit
  encore chaud de leur corps
Les uns ensommeillés s'étaient habillés lentement
Les autres avaient sauté dans leurs vêtements
  et couru vers la salle à manger
De la chambre des filles partaient des éclats de rire
L'immense maison résonnait de leurs voix, de leurs appels
De leurs murmures

Les retardataires se pressaient

C'était le JEUDI 6 AVRIL 1944

Des hommes entrèrent
Ombres maléfiques
Léa, la monitrice, comprit
Trois hommes sans regard cernèrent les enfants
Déjà assis devant leur bol fumant

Silence
PEUR

Une courte phrase imposa l'effroi

SUIVEZ-NOUS

Tournoient les trois silhouettes sombres

Derrière elles des soldats allemands

SCHNELL/VITE/SCHNELL/VITE
Cliquetis d'armes

Enfants, adultes pris au piège

A l'étage, une voix de femme à un habitant :
« Sauve-toi »

Bruits de chute dans le jardin

Les soldats brusquent les enfants
Ils doivent monter prendre des vêtements,
des affaires de toilette

Barouk passe devant la classe
« Nous t'abandonnons petite école »
Coup de coude dans le dos, un soldat le pousse

Paula glisse son livre de contes entre deux chandails

Jean-Claude cherche son jouet en pleurant
Esther l'aide à faire son baluchon

Les soldats fouillent les armoires, renversent les tiroirs
Volent les cahiers, les carnets, les lettres,
les enveloppes

Charles cache son manuel scolaire sous un pull-over

SCHNELL/VITE/SCHNELL/SCHNELL

Chambres mises à sac
Courrier confisqué
Secrets arrachés

Quarante-quatre enfants poussés, jetés,
entassés dans deux camions

Joseph et Henri-Caïm tentent de se sauver
Des Allemands les arrêtent, les saisissent,
les lancent sur le plateau
Ils tombent, se relèvent, se glissent parmi les autres
« Nous sommes perdus », murmure Joseph à son voisin

Jean-Claude sanglote
Il veut descendre du camion
Le garde l'empoigne, le renvoie brutalement
Des bras se tendent, le rattrapent, le bercent

Sigmund refuse de monter
Coups dans les jambes, dans le ventre
Sigmund capitule et grimpe
Des larmes coulent sur son visage

SCHNELL/VITE/SCHNELL/SCHNELL/SCHNELL

Quarante-quatre enfants et sept adultes impuissants
Sous les ordres ennemis

Dans le camion Léa calme les enfants
Et propose un chant

Ils entament en chœur une chanson
que l'institutrice leur a apprise

« Vous n'aurez pas l'Alsace et la Lorraine »

Les grands narguent les Allemands

Cris, pleurs, chants

Les deux camions démarrent

Les hommes sans regard sont montés
Dans la traction avant qui mène le convoi
A l'arrière une automobile et des soldats armés

Où vont-ils ?
Où vont-ils ?

La maison vide
L'ombre de ses voix

La maison respire encore de ses quarante-quatre enfants
Enlevés, raptés, kidnappés
De ces adultes arrêtés

Pièces désertes

L'angoisse trame sa toile
L'absence laisse des traces
Les bols de cacao, les casseroles encore pleines
Les tartines à peine entamées

Dans les chambres des dessins froissés
Des plumiers jetés
Des crayons, des porte-plume abandonnés
Des vêtements oubliés

Tommy, le chien de tous les enfants, rôde et cherche

Leur merveilleuse
Leur éblouissante présence

Le lendemain
Hélène et Berthe sont heureuses d'aller rejoindre
leurs frères
A Izieu

Elles traversent le village
N'y rencontrent personne

Pressées, elles montent le chemin et s'étonnent
Nul bruit
Aucune voix enfantine
Seul le vent qui se glisse entre les branches
émet un sifflement
Elles avancent d'un pas vif
« Sont-ils tous partis se promener ? »

Hélène ouvre la porte
Dans le couloir une tranchée de silence
Elles avancent
Désordre et saccage
Hélène crie
Le vide fait écho

Elles grimpent l'escalier
Chambres pillées

Hélène et Berthe s'effondrent
« Il est arrivé malheur
Il leur est arrivé malheur »

Là quarante-quatre enfants vivaient heureux

Là ils se consolaient
L'un d'une mère malade
L'autre d'un père arrêté et emprisonné
Certains
De parents brutalisés sous leurs yeux

Le petit Émile se rappelle lorsque son père et sa mère lui furent arrachés
Il voit son père immense, sa mère toute petite
Les policiers les poussent, les menacent de leur arme
Le père se retourne encore
La porte claque
Émile hurle

Une voisine le serre contre elle

Émile est seul, seul, seul
Il n'a pas cinq ans

Pourquoi ?

Parents battus, enlevés, perdus

Sur leurs vêtements une étoile
Parce qu'ils étaient nés juifs

Parce qu'ils étaient nés juifs
On les enfermait dans des camps
On les entassait dans des trains
On ne sait où on les conduisait
On ne sait ce qu'ils devenaient

A Izieu
Dans la maison-refuge
Quarante-quatre enfants tourbillonnaient
Les uns près des autres ils se réconfortaient
Ils chassaient la peur
Ils l'éloignaient
Ils l'enfermaient au plus profond d'eux-mêmes
Ne voulaient pas la connaître
Ils harponnaient le courage

Des adultes aux douceurs réconciliantes les protégeaient
Sabine et Miron grâce à qui était née la maison d'Izieu
Les monitrices
Léa
Lucie
Mina qui était accompagnée de sa petite fille Lucienne
La doctoresse Sarah-Suzanne qui avait auprès d'elle
son fils Claude
Et ses parents, Moïse, Éva

Les enfants avaient besoin de leurs paroles,
de leurs gestes tendres

Là ils étaient heureux

Ils jouaient, ils apprenaient
Ils chantaient, ils riaient
Ils lisaient, ils dessinaient
Ils bavardaient, ils écrivaient à ceux de leur famille
  qui leur restaient
Ils appréciaient les promenades
Ils allaient voir le Rhône qui coulait, large
Rayé de cuivre et d'argent
Ils respiraient l'air vif
Leurs joues se coloraient
Ils se réjouissaient lorsque tombait la neige
Ils fêtaient joyeusement les anniversaires

L'absence, écho perdu, résonnait lointaine ou proche
Parents disparus
Famille dispersée
Espoir d'une lettre

Certains soirs ils étaient chagrins

Mais le jour
Ils étaient vifs, braves, forts

Les grands faisaient des projets
Ils parlaient de partir vers des terres accueillantes
  et ensoleillées
D'y emmener tous ceux de la maison

L'avenir
Un havre
Paix retrouvée

Où sont-ils ?
Où sont-ils ?

Tassés dans les camions les enfants se heurtent
dans les virages
Émile sourit dans les bras de Léa

Le soleil inonde les vallons

Ils avancent dans l'air piquant d'avril
Ils ont froid et se serrent les uns contre les autres

Des questions obsèdent adultes et grands
« Pourquoi n'ont-ils pas surveillé le chemin ?
Comment se fait-il qu'ils n'aient pas entendu les camions ?
Si la cloche avait sonné le danger
Ils se seraient dispersés dans la campagne
comme cela était convenu
Comment ont-ils pu oublier de faire le guet
Ce maudit jeudi de vacances de Pâques ? »

Pourquoi ?
Pourquoi ?

Dans le premier camion
Léa s'acharne à faire chanter les petits

Sauver encore quelques instants
Faire sourdre, seconde après seconde, une joie fragile
Les éloigner du grand chagrin

Sur les genoux de Mina
Se serrent sa fille Lucienne qui vient d'avoir cinq ans
Et Albert, le plus petit

Dans le second camion
Un silence volontaire
Chacun a glissé son bras sous celui du voisin
L'enchaînement les rapproche
Le corps à corps les unit
Mutuellement
Ils se protègent

Fritz
Théo et son meilleur ami Arnold
Ont quinze, seize et dix-sept ans
Tous trois redoutent les jours futurs
Fritz pense à sa mère dont il n'a aucune nouvelle
Depuis deux années

Le convoi roule lentement
Les camions équipés au gazogène
peinent dans les montées

Dans la plaine ils s'arrêtent

SCHNELL/VITE/SCHNELL/SCHNELL

Les enfants descendent
Enkylosés ils se détendent
Puis, pour se cacher, tentent de s'éloigner

Interdiction
Les soldats quadrillent

Dignité des grandes filles
Qui remontent immédiatement dans le camion

Les Allemands poussent les enfants

SCHNELL/VITE/SCHNELL

L'un d'eux hisse Liane
Elle se débat
Ses pieds battent l'air
Il la jette contre le sol

Les plus jeunes crient
Léa, Lucie, Éva les rassurent

Ils roulent encore longtemps

Otto pense
« A Izieu nous étions choyés
Nous attendions que reviennent des jours comme autrefois
Avant la guerre »
Otto revoit sa maison d'enfance
Ses parents aimés
Temps de rire et de lumière

« Nous aurions dû être vigilants
Nous résistions à l'ennemi
Il nous a poursuivis, rattrapés, vaincus »

Pourquoi ?

Otto murmure
« A Izieu nous ne retournerons plus jamais »
« Tais-toi
Ne parle pas ainsi »
Répond son cousin Fritz

Dans le lointain le soleil telles des lames de feu

A la nuit tombante
Les camions traversent Lyon

Flottent des drapeaux à croix gammée
  au-dessus des monuments
Et aux fenêtres des bâtiments publics

Les camions pénètrent
Dans la prison de Montluc

Tous
Descendent dans une cour carrée, vide et glacée

Enfants et adultes séparés
Garçons et filles en rangs opposés

Les grands portent les petits
Les frères et les sœurs se regroupent

Dans une salle nue
Les enfants attendent

Pourquoi ?
Pourquoi ?

Un à un ils doivent pénétrer dans le bureau

Interrogatoire
« Ton nom ? Le vrai
Je sais : tu es juif

Je sais : tu te caches sous un faux nom
Je veux connaître ton nom exact et l'adresse
de tes parents
Nous ne te ferons aucun mal
Dis-moi ton nom
Ton vrai nom »

Les enfants déclinent leur fausse identité
Herman s'appelle Armand
Sarah se nomme Suzanne
Les petits bafouillent et pleurent

Hans demeure muet

Il pense à son père Max, son cher père,
comme il aimait l'appeler
Triste, fatigué, las
Ils l'ont battu
Il n'a pas avoué
Emmené entre deux policiers
Jamais il n'oubliera son geste d'adieu

« Mon cher père
Maman, maman, mon unique
Je suis avec vous
Je ne parlerai pas
Ils ne sauront rien
Maman, maman
Dès que je pourrai je t'écrirai

Je t'enverrai un dessin
Maman, j'irai te chercher à l'hôpital
Je te ramenerai guérie
Père, jamais je ne parlerai »

Silencieux Hans écoute
Il comprend la phrase prononcée en allemand
« Il faut le maximum d'adresses
  pour arrêter toute cette vermine »

Hans demeure muet

On le menace
Hans ne répond à aucune question

On le renvoie

La jeune Senta s'accroche nerveusement à sa sœur Martha
Lorsqu'un soldat la pousse vers le bureau
L'aînée ne peut se détacher

Toutes deux entrent soudées
Comme un bloc à deux têtes

L'effroi se lit dans leurs yeux
Quatre émeraudes glacées

Un réfectoire
Deux gardes distribuent pain et bouillon

Dans des dortoirs improvisés
Les enfants s'organisent
Se serrent et se réchauffent les uns contre les autres

Rénate s'est lovée contre Liane, sa petite sœur
Elle lui chantonne en allemand une berceuse
Leur mère la leur fredonnait chaque soir
Il y a longtemps, à Vienne

Sarah refuse de s'allonger
Elle arpente la salle
Dans sa tête Sarah martèle les mots
« Au malheur de mes onze ans »

Un soldat lui interdit sa ronde

Elle se recroqueville dans un coin
Et recommence
« Au malheur de mes onze ans
Au malheur de mes onze ans »

Il y a deux mois et un jour, c'était son anniversaire

Vendredi 7 avril 1944

A l'aube
Un policier fait l'appel

Les enfants reçoivent une soupe claire

Dans la cour froide de la prison
Éva, Sarah, Lucie, Mina et Léa
Les cinq femmes de la maison d'Izieu
Apparaissent
Lucienne se jette dans les bras de sa mère
Claude embrasse sa mère puis sa grand-mère
Émile court vers Léa
Les autres les entourent et les fêtent

Mais Arnold, Fritz et Théo
Moïse et Miron
Les grands adolescents et les deux hommes
Sont absents

Devant de hauts murs quadrillés de barbelés
Quatre camions attendent

Les enfants d'Izieu sont mêlés à des inconnus

Nouvelle séparation

Douleur de perdre l'ami
Eloignement de celle que l'on veut voir encore

Max-Marcel refuse de monter
Coup de crosse dans le dos

Pourquoi ?
Pourquoi ?

Les camions bâchés traversent la ville

S'arrêtent devant la gare

Les enfants descendent
Ordre leur est donné
De se ranger en colonnes

Ils avancent vers un long train
Des wagons de bois
Aux portes marquées de signes allemands

Ils aperçoivent
Le vieux Moïse, extrêmement fatigué

Miron et les grands garçons
Tous menottes aux mains

Où vont-ils ?

Où vont-ils encore ?

Dans le train
Interdiction formelle de quitter sa place

Lucienne se blottit contre sa mère
  qui protège aussi les plus jeunes
Sami, Jean-Claude, Albert

Dans l'autre wagon Émile s'est endormi
  sur les genoux de Léa

A voix basse
Maurice murmure à Liliane
« Heureuse Sabine
Elle était partie nous sauver
Nous cacher loin d'Izieu
Elle s'est sauvée elle-même »

« Chut, Chut »
Lui répond sa sœur

Par les fenêtres les enfants regardent la campagne
Les villages aux maisons serrées autour d'un clocher
Dans les prés des bœufs tout blancs paissent
Ils longent une rivière
Les arbres du bord s'y baignent
Miroitement du ciel dans l'eau

Il y a de fréquents arrêts
Les enfants n'ont pas le droit de bouger
Si l'un d'eux se lève un soldat le menace de son arme

A la nuit
Le train ralentit
Il longe des immeubles
De timides lumières vacillent

Dans une gare sombre
Les enfants et les adultes sont poussés et regroupés

Lucienne sanglote
Un officier l'a arrachée des bras de sa mère

Mina empoigne l'Allemand qui la rejette

Esther, une grande de douze ans, console la petite

Dans cet immense lieu glacé
Passent des rangs d'adultes enchaînés

Tous sont acheminés vers des camions

Où vont-ils ?

Où vont-ils ?

Dans le premier camion
Mina et Lucie racontent des histoires
Certains s'endorment
D'autres écoutent

Mais Renate questionne
« Où allons-nous ?
Que vont-ils nous faire ?
Resterons-nous toujours ensemble ? »

Mina n'a pas la force de répondre
Elle commence un conte comme à Izieu

Lucie cajole Rénate

Dans l'autre camion
Léa s'est souvenue de lointaines berceuses polonaises
Elle chante
Léa veut rassurer les petits
Donner du courage aux plus grands

Drancy
une insupportable
attente

Nuit de pluie
Les enfants traversent une cour boueuse
Montent des escaliers gris

Dans une salle au sol couvert de paille
Des gardiens enferment les garçons

Les filles sont dirigées vers un autre bâtiment

Les quatre femmes, Mina, Lucie, Sarah-Suzanne, Éva
Ont obtenu la permission de rester auprès d'elles
Sarah-Suzanne a dû se séparer de son fils

Léa a été enlevée aux enfants

Tous s'endorment
Lentement
D'épuisement

Sauf Éva
Éva ressasse l'arrestation, la prison, l'interrogatoire, l'enfermement

Des étouffements s'emparent d'elle
Les battements de son cœur se précipitent
Elle veut arrêter cette montée folle
Elle veut respirer
Elle n'a plus d'air
Un épais mur l'enserre
Que vont-ils devenir ?
Les siens, Claude son petit-fils, son mari, sa fille,
tous les enfants

Et elle
Mourir là, maintenant
Elle résiste
« Il faut que je tienne »

Éva s'apaise

Éva se raisonne

Éva sommeille

Samedi 8 avril 1944

Réveillés au petit matin
Les enfants doivent courir vers les latrines

Des hommes amaigris, affamés
Les gardes les rudoient et les forcent à avancer

Certains lancent encore de perçants regards de révolte
D'autres semblent ne plus voir
Hommes brisés, détruits, anéantis

Pourquoi ?

Autour d'eux un carré de bâtisses à la construction hâtive
Est-ce un camp ?
Est-ce une prison ?

Pourquoi sont-ils là ?

Pourquoi ?

SAMEDI 8 AVRIL 1944

Léa est entrée, fière, dans le bureau du chef

Elle décline son identité

LEA FELDBLUM, JUIVE

« Marie-Louise Decostes était un nom d'emprunt »

Juive
Elle peut rejoindre les enfants

Ses enfants

Elle court vers eux et aide Sarah à organiser la classe

Heure des petits
Jeux avec les lettres
Mots répétés
Comptines reprises en chœur

Temps avec les grands
Grâce au manuel emmené par Charles

Les garçons et les filles veulent apprendre
Pour leurs parents lorsqu'ils les retrouveront
Pour avoir un métier plus tard
Et pour devenir savants, disent-ils

Egon est scandalisé par les nouvelles du camp
Chaque matin
Des prisonniers sont emmenés dans des entrepôts à Paris
Là des miliciens les obligent à répertorier, classer, emballer
Les biens des Juifs réquisitionnés lors de leur arrestation

Une femme a reconnu le médaillon de sa mère

Isidore interroge
« Où irons-nous demain ? »

Hans
« A la police j'ai entendu que tous les Juifs
seraient enfermés
Dans des camps
En Allemagne
Comme mon père
Je le rejoindrai
Je le retrouverai »

Les enfants entendent des cris, des hurlements

D'incompréhensibles mots hachés, haineux
Suivent des plaintes

Un crescendo aigu
Comme un animal pris au piège

Ou une lamentation
Telle une voix d'enfant

Cela les effraie encore davantage

« Vont-ils nous battre ? »
Demande Alice-Jacqueline
« Non, non, non », répond Léa

Dans la journée les enfants survivent
Malgré les privations, l'inconfort et la peur

Chaque soir
Avant la tombée de la nuit
Lorsqu'ils ne sont pas encore enfermés dans leur dortoir
Les monitrices d'Izieu inventent des contes
D'abord pour les garçons
Plus tard pour les filles
Richard, Sami, Jean-Claude, Jacob, Georges, Albert et Max
Chacun réclame son histoire

Elles essaient de leur donner ce plaisir

La nuit les petits geignent dans leur sommeil
Leur pantalon est souvent marqué de larges taches humides

Herman hurle en dormant
Il réveille ses voisins qui grognent contre lui

Nina se lève
Telle une somnanbule

Éva lui parle
Nina ne la voit pas

En douce grand-mère
Éva l'allonge à ses côtés et chantonne

Nina s'endort

Éva demeure éveillée
L'angoisse l'envahit

Un matin
Paula et son petit frère
Ensemble dans la journée
Aperçoivent leur mère Frieda
Dans la cour du camp

Arrêtée juste après le départ d'Izieu

Ils se précipitent
Ils se regardent
Ils s'embrassent
Ils pleurent
Ils rient
Ils s'étreignent

Marcel saute en criant

Une joie sauvage les envahit

Mère, fille, fils
Soudés en un être unique

Farouche bonheur au camp de Drancy

Frieda a été arrêtée juste après le départ de ses enfants
Nul doute
Son adresse avait été relevée
Par les Allemands à Izieu

L'inquiétude redouble
Sami et Liane demeurent couchés, fiévreux
Ils se plaignent et grelottent

Mina décide d'écrire à sa mère
Elle n'a ni papier, ni enveloppe

Avec un tesson de verre
Elle s'est volontairement ouvert la main

Chaque jour
La tombée de la nuit
Vient comme un temps d'oubli

La fatigue, la faim, le froid abattent les enfants

Léa, Mina, Sarah-Suzanne et Éva sont auprès
  d'eux
Tentent de les dorloter
Essaient de les rassurer
Et d'endormir les plus jeunes

Auschwitz
l'innommable

JEUDI 13 AVRIL 1944

Dans l'aube incertaine
Un officier crie des noms

Trente-quatre enfants d'Izieu sont désignés

Ce sont
Sami 5 ans
Nina 12 ans
Max-Marcel 12 ans
Jean-Paul 10 ans
Esther 12 ans
Élie 10 ans
Jacob 8 ans
Jacques 12 ans
Richard 7 ans
Jean-Claude 5 ans
Barouk 12 ans
Majer 13 ans
Albert 4 ans
Egon 9 ans

Maurice 13 ans
Liliane 11 ans
Henri-Caïm 13 ans
Joseph 12 ans
Georges 8 ans
Isidore 10 ans
Rénate 8 ans
Liane 6 ans
Max 8 ans
Claude 10 ans
Fritz 15 ans
Gilles 8 ans
Martha 10 ans
Senta 9 ans
Sigmund 8 ans
Sarah 11 ans
Max 12 ans
Herman 10 ans
Otto 12 ans
Émile 5 ans

Ce sont
Aussi
Léa
Sarah-Suzanne
Moïse
Éva

Pourquoi ?

Pourquoi trente-quatre enfants ?
Pourquoi quatre adultes ?

POURQUOI
POURQUOI

JEUDI 13 AVRIL 1944

Petit jour glacé
Silence inquiétant
Séparation

Enfants ahuris, adultes anxieux
Compressés dans un camion bâché
Avec des inconnus

On entend des sanglots, des reniflements

Sami se cache contre la poitrine de Gilles

Une femme à la voix grave dit une complainte
Barouk chante avec elle

Encore une fois
Ils marchent alignés
Dans une gare sombre

La pluie cogne contre la verrière

Des colonnes
De pauvres hères poussés vers des wagons à bestiaux

On les entasse
Léa protège Émile et le plus d'enfants possible
Elle cache son effroi

Dans un coin
Martha et Senta sont recroquevillées
On ne voit que leurs yeux verts
Si intensément verts sur leur peau mate

Regard fixe
Regard vert
Regard de peur

Dans un autre wagon
Sarah-Suzanne a retrouvé son fils Claude
Et ses parents

Éva console Rénate et Liane

Les portes se ferment

Pressés à soixante entre des planches

Aucune fenêtre
Aucune aération

Des hurlements s'élèvent
Lorsque le train démarre

Ce ne sont pas les enfants
Mais des inconnus

Un femme crie qu'elle veut vendre son manteau de fourrure
En échange d'un bouquet de fleurs
Elle leur vante ce riche vêtement d'Astrakan

Jean-Paul et Isidore la regardent
Ils ont compris qu'elle a perdu la raison

Jacques a réussi à ne pas quitter ses petits frères
Richard et Jean-Claude
Serrés les uns contre les autres, ils se parlent sans cesse

Liliane prie Dieu de venir à son secours

Le temps s'égrène
Et le corps fait mal
Il tire, se noue, enfle

Otto pense que ses parents avant lui avaient dû prendre
La même destination inconnue
Il se souvient soudain de ce mot entendu
Au camp de Gurs
Lors de leur arrestation
Les rejoint-ils ?

Vers quelle « destination inconnue » vont-ils ?

A la gare
Max a été séparé de son petit frère
Il revoit ses amis Paula et Marcel
  lorsqu'ils ont retrouvé leur mère

Leur bonheur

Sa solitude
Où sont ses parents ?
Son frère ?
Herman perdu, abandonné

Un mal effrayant l'envahit

Des cercles de plomb douloureux et toujours présents
  l'étouffent

Que va-t-il devenir ?

Dans le wagon
Une femme au visage livide
Hurle de souffrance
Ses mains massent son ventre

On se serre encore
Afin qu'elle puisse s'allonger sur le sol

Léa s'occupe d'elle
Émile lui tapote les joues
Il entend qu'elle vient de perdre son bébé

Debout depuis douze heures
Les jambes s'enkylosent, s'alourdissent

Des points de douleur s'incrustent

Parfois le tressaillement du wagon se calme
Le train stoppe

Les portes s'ouvriront-elles ?

Par les interstices
On devine la nuit

Quelques enfants ont glissé au sol
Rapetissés

D'autres s'appuient
Le long des parois tremblotantes

Les portes demeurent closes

Les ventres boursouflent

Les petits urinent sous eux

Tout cri
Toute parole
ont cessé

Des visages se couvrent de pleurs

Les larmes coulent silencieuses, lointaines, abandonnées

Elles chutent en transit d'un cauchemar

Larmes indolores

Larmes inconnues

Larmes irréelles

Léa est effrayée

Les visages vieillissent
Les traits se brouillent
L'enfance s'efface

Laides, vieilles, fanées, exsangues
Vieux tassés, ridés, ratatinés

Les enfants lui ont été volés

Métamorphosés en maléfiques nains centenaires

Léa tremble
Se frotte les yeux
Caresse Émile endormi
Aux joues si pommelées

Le train s'arrête
Une gare, des voix, des mots allemands jetés

Les portes s'ouvrent
Personne n'ose bouger

Puis
Un à un
Descendent des êtres hagards
Au corps brisé

Des soldats les dirigent à coup de fouet

Chacun boit goulûment de l'eau glacée

Des infirmières distribuent des morceaux de pain

Egon n'a pas eu la force de saisir le sien
Il le regarde flotter
Au centre d'une flaque

Egon se dirige flageolant vers les rails

Un soldat le pousse dans un wagon

Les portes claquent
Bruits de crochet

Enfermés
Étouffés
Prisonniers

Où vont-ils ?

Pourquoi ?

SAMEDI 15 AVRIL 1944

Le convoi 71 arrive à destination

Sur un quai
Mille corps émaciés aux visages blafards

Un vent glacé tranche la peau

Ceux d'Izieu se regroupent

Un officier demande
« Y a-t-il des adultes qui veulent accompagner
ces enfants ? »
OUI, TOUS
TOUS
NOUS VOULONS

Léa serre les petits contre elle
Éva et Moïse entourent les enfants
Sarah-Suzanne soutient Claude

« Montez dans le camion
Vous arriverez plus vite »

Trente-quatre enfants poussés, bousculés, maltraités
Léa se précipite et les suit

Éva, Moïse et Sarah-Suzanne sont chassés vers un
deuxième convoi

Sarah-Suzanne se débat
Veut rejoindre son fils
Impossible
Le camion s'éloigne

Chemin de forêt

Transis
Fourbus
Muets

Les enfants
Léa
Se pressent les uns contre les autres

Le camion cahote

Les enfants se touchent
Ils n'osent se regarder

Chemin de forêt

Du 15 avril au 30 juin 1944

Les dix autres enfants et les trois adultes
arrêtés à Izieu
Feront le même parcours
Éprouveront les mêmes souffrances
Vivront la même douleur

Par le convoi 73
Miron le fondateur de la maison d'Izieu
Arnold et Théo
Partiront

Paula et son frère Marcel ainsi que leur mère
Arriveront au même point
Dans le convoi 74

Dans l'infernal convoi 75
Alice-Jacqueline, Charles et Hans
Tous trois âgés de dix ans
Souffriront dans une solitude extrême

Par le convoi 76
Les deux sœurs
Mina et Claudine
Ainsi que la monitrice Mina et sa fille Lucienne
Seront transférées de camp à camp
Le 30 juin 1944

Pourquoi
Pourquoi
Pourquoi

Samedi 15 avril 1944

Une rangée de baraquements sommaires
Encerclés de barbelés et de miradors

Schnell/Schnell/Schnell

Léa saute la première

Schnell/Schnell

Suivent les enfants

« *Sind das deine Kinder ?* »
Ce sont tes enfants ?

« *Das ist eine Kinderheim* »
C'est une maison d'enfants
Répond Léa

L'officier arrache Émile de ses bras
La rejette
La sépare des enfants

Émile hurle
L'officier le tire sauvagement vers les autres

Encadrés de kapos
Les enfants avancent

Murs gris
Les uns derrière les autres

Bagages confisqués

Murs gris
Les uns derrière les autres

Tondus

Les cheveux tombent par poignées
Aériennes boucles blondes, mèches brunes, flocons roux
Chevelures séparées, pesées, empaquetées

Rénate ne cesse de caresser son crâne chauve
Épouvante

Murs gris
Les uns derrière les autres

Chaussures ôtées
Vêtements abandonnés
Répertoriés, classés, rangés

Corps nus

Murs gris
Les uns derrière les autres
Tous
Nus

Silhouettes fines
Attaches fragiles
Peau blanche aux veines bleutées
Douces rondeurs

Richard se cache
Richard a honte

Murs gris
Les uns derrière les autres

« Cochon de juif »
Entend Egon
« Cochon de vous »
Répond-il

Ils avancent
Nus
Dans le froid

Vers une lourde porte

Ils avancent
Sans mot
Sans pleur
Dans l'absolue terreur

Vers une lourde porte

Ils sont alignés

Devant une lourde porte

Maurice ne pense qu'à Liliane
Sa sœur

Dans le rang des filles
Il l'aperçoit

Les larmes l'envahissent

Elle lui sourit

Une lourde porte s'entrouvre
Il ne quitte pas Liliane des yeux
Un homme le pousse
Il entre
Noyé dans ce sourire

Une lourde porte
Rénate se jette dans les bras de sa sœur
Enlacées elles avancent

Une lourde porte

Barouk refuse
Il est lancé

Une lourde porte

Les enfants pénètrent derrière

Une lourde porte
Se referme

Dans le camp passent des femmes décharnées
aux visages terreux

Devant elles une haute cheminée
S'en échappe une lourde fumée

Léa regarde son poignet
On vient d'y tatouer le numéro 78620

Une femme s'approche

Léa demande
« Où sont les enfants ? »

« Regarde
Tu vois la cheminée
Les flammes qui sortent
Tu sens l'odeur âcre
Tu n'as toujours pas compris ? »

Léa pousse un cri

Air parcelles de vie consummée
Air qui porte, qui emporte, qui transporte
Les enfants
Ces enfants
Mes enfants

Disparus

Tués

« Gazés puis brûlés », murmure la femme

Leur corps dans le creux des flammes
Détruits
En cendre
Vent poudreux

Respirer l'irrespirable

Les enfants morts
Niés, effacés, supprimés

Sans corps
Sans squelette
Sans trace
Sans tombe
Sans deuil

Assassinés

Ce matin
Ils vivaient

A Izieu
Ils chantaient
Ils chahutaient
Ils raisonnaient
Ils s'aimaient

Espiègles
Gourmands
Tendres
Intelligents

POURQUOI
POURQUOI

Parce qu'ils étaient nés juifs

Parce que la barbarie hitlérienne
Décida d'exterminer tous ceux qui étaient nés
juifs

Comme vous auriez pu naître

Comme nous aurions tous pu naître

Gazés puis brûlés
Assassinés
Les enfants
Et les adultes d'Izieu

C'étaient des enfants
Quarante-quatre

Ce sont des enfants
Quarante-quatre

Pour toujours
Ce sont
Les enfants

LES ENFANTS D'IZIEU

Léa fut la seule survivante
Du camp d'extermination d'Auschwitz

Miron Zlatin et les deux adolescents, Théo et Arnold
Avaient été envoyés dans une forteresse
Comme ils étaient forts
Chaque jour
Ils allaient travailler dans un moulin
Le 31 juillet 1944
Tous trois furent fusillés à Reval (actuellement Tallinn, capitale de l'Estonie)

Léon Reifman
Celui qui sauta par la fenêtre du premier étage de la maison d'Izieu
Réussit à échapper à la Gestapo

Tous les autres moururent à Auschwitz

Textes de jeunes
d'aujourd'hui

Rolande Causse, écrivain et créatrice d'ateliers de lecture-écriture, a mené un atelier d'écriture auprès d'enfants d'école primaire à Montataire (Oise), de collège et de lycée à Trappes, Argenteuil et Marseille.
Elle a recueilli plus de quatre cents textes.
Nous vous en donnons quelques-uns à lire.

Je me souviens de la mort de mon père.
Je me souviens des enfants d'Izieu.
Je me souviens de mon chat.
Je me souviens du premier jour où je suis arrivée à Joliot-Curie.
Je me souviens d'Izieu. Les parents de Mon père sont morts comme les enfants d'Izieu.

Stéphanie, 10 ans 1/2

Je me souviens de mes vacances chez mon père, là où j'ai vu ma sœur de un an pour la première fois.
Je me souviens d'une histoire où il y avait 44 enfants.
Je me souviens que quand j'étais petite, en vacances, je me suis cassé le doigt.
Je me souviens des 44 enfants qui ont été brûlés.
Je me souviens que j'ai fait du ski et que je suis tombée.
Je me souviens des enfants qui ont été bousculés.
Je me souviens du long voyage que j'ai fait avec ma sœur et ma mère en Allemagne, Autriche, Yougoslavie, Grèce.
Je me souviens du long voyage qu'ont fait les 44 enfants.

Bérangère, 12 ans

La Maison d'Izieu

La maison se souvient. Elle se souvient des tendres moments passés ensemble. Les cris de joie résonnent encore dans ses murs. Quarante-quatre enfants heureux, joyeux, rieurs, bagarreurs, joueurs étaient, maintenant ils n'y sont plus. Maintenant ils tremblent, quarante-quatre enfants qui tremblent dans le camion qui les mène vers l'horreur. La maison se souvient des tendres nuits où elle les protégeait des tempêtes. Maintenant ils dorment avec le cœur serré. Qu'est ce qui va leur arriver demain ou le surlendemain : peut-être la mort ? La maison pleure ses enfants qu'elle ne reverra jamais. Elle aussi sera peut-être détruite pour ne plus servir de refuge aux enfants juifs ou elle restera seule, avec les souvenirs sous son toit, les souvenirs des quarante-quatre enfants, maintenant brûlés, gazés.

Audrey, 11 ans

...J'ai une amie arabe, ce n'est pas parce qu'elle est arabe que je ne l'aime pas. Ma dentiste est vietnamienne, ce n'est pas parce qu'elle est vietnamienne que je ne l'aime pas. Ma cousine habite en Afrique, ce n'est pas parce qu'elle habite là-bas que je ne l'aime pas...
Je ne veux pas que toute cette histoire revive. Je veux juste qu'on s'en souvienne pour faire hommage à tous ces gens massacrés, sans justice.

Marie-Anne, 9 ans

Je me souviens du silence qu'il y avait dans la classe quand la maîtresse a raconté l'histoire des 44 enfants d'Izieu.

Sébastien, 11 ans

Mots murmurés,
mots soufflés,
mots camouflés,
paroles brisées.

Qu'ils soient noirs, juifs, arabes, gitans, japonais, tous ont les mêmes droits de vie, de parole, d'écriture...

Bernard, 10 ans

Pour Nina, pour Herman j'écris leur histoire d'enfants martyrs afin qu'ils ne soient pas oubliés, qu'ils ont existé et qu'ils nous fassent comprendre que de telles atrocités ne doivent plus jamais se reproduire...
Une histoire où seule la mémoire des survivants peut encore témoigner de ces horreurs, de ces massacres, afin que personne n'oublie ces enfants.
Que leurs souvenirs soient à jamais gravés dans nos mémoires.

Pierre-Alexandre, 10 ans

...Il est interdit d'oublier l'horreur qu'ont subi les enfants d'Izieu et les adultes qui aidaient les Juifs...

Cinty, 9 ans

...Qu'ils soient Juifs, Noirs ou Blancs on n'a pas le droit de les tuer. Nous sommes tous égaux, tous frères. Nous avons tous le droit de vivre sur terre.

Je me souviendrai toujours des Juifs car ils ont disparu. Leur corps mais pas leur âme, elle est toujours là, elle flotte au-dessus de nous.

Plus jamais de personnes seront tuées, massacrées, brûlées, torturées.
Plus jamais de Juifs dans les camps
Mais plus de Noirs tués.
Plus jamais la guerre.
Mais toujours la paix.

Céline, 10 ans

Ils étaient 44 enfants joyeux
sans peine
sans ménage à faire
sans souffrance
sans tristesse
Ils étaient vraiment unis.
On ne pouvait croire qu'un jour
ils souffriraient, jamais on ne l'aurait pensé
Je pense que ce livre est formidable,
bien qu'il soit triste. Il résume bien
ce que les enfants ont enduré, le gaz, le feu
C'est affreux.
Je n'aurai pas aimé vivre à cette époque.

Dulce, 10 ans

Adieu, Sami, tu es très jeune. Tu n'avais que 5 ans.
Adieu Jean-Paul, 10 ans. Tu avais trop souffert, tes parents sont morts, à peine avais-tu 3 ans.
Adieu Liane, tu faisais tellement de bêtises, mais tu étais un ange quand tu souriais. Tu avais 6 ans.
Adieu Senta, tu étais trop belle et trop fière d'être juive. Tu avais 9 ans.

Baptiste, 11 ans

Une étoile

Sur les vêtements, les Juifs avaient une étoile pour les différencier des autres. Ils en avaient une pour indiquer qu'ils croyaient à un Dieu et qu'ils étaient juifs. Une étoile ! C'était leur coutume. Elle était cousue pour qu'ils ne la perdent pas. Leur étoile très brillante, était jaune clair, signe de paix, de liberté, de bonté, de justice.

Sébastien, 11 ans

Les Allemands ont été ignobles,
horribles avec les enfants. Ce
n'était pas la faute des enfants
s'ils étaient Juifs. On ne choisit
pas sa religion lorsqu'on
est enfant. J'espère de
tout mon cœur que ça ne se
reproduira pas. Il ne faudrait
plus faire de différence entre
les races.

Aurélie, 10 ans

Mes sentiments sur les 44 enfants juifs
Cette histoire est très cruelle, dure.
Quand les Allemands les ont brûlés,
tués, gazés, martyrisés, assassinés,
cela m'a fait beaucoup de peine.
Je trouve que ce n'est pas
normal de tuer les Juifs. Pourtant
les Juifs, c'est une religion comme
les autres. Les êtres noirs, jaunes,
rouges, blancs sont tous humains
et ont tous les mêmes droits.

Sandrine, 11 ans

Ils étaient 44, seuls dans une nuit d'effroi,
enlevés et poussés dans un fourgon.
Pourquoi ont-ils été rasés, numérotés et séparés les uns des autres, des frères et des sœurs ? Ceci est cruel, juste parce qu'ils étaient juifs. Mais pourquoi ? Et leurs parents quand ils surent cela, qu'ont-ils fait ?
Nous, qu'aurions-nous fait ?
44, ils étaient.
A cause de la folie d'Hitler, ils furent tués. Il aurait fallu un miracle pour les sauver. Jamais on oubliera ces enfants, car ce fut un massacre.

Sébastien, 11 ans

L'histoire est triste mais belle. Elle est vraie
J'ai eu beaucoup de mal à imaginer que
cela ait existé. Qu'on puisse retirer des
enfants à leur mère pour les brûler ensuite.

J'ai eu comme un choc.
Je croyais que c'était un conte, que cela ne pouvait exister. L'histoire est belle malgré toute cette méchanceté des Allemands.

Gina, 11 ans

Pourquoi y-a-t-il tant de cruauté ?
Pourquoi une étoile sur leur vêtement ?
Pourquoi des enfants ? Pourquoi des Juifs ?
Pourquoi les Juifs ? Pourquoi les emmène-t-on pour les tuer, les brûler ? Pourquoi tuer des enfants ? C'est vraiment insensé.
Pourquoi quarante-quatre enfants brûlés, gazés, tués ? C'est trop injuste. Pourquoi sur quarante-quatre enfants Léa est la seule survivante ?
Pourquoi y a-t-il eu cette guerre ? A cause d'Hitler ?
Pourquoi cette guerre ne s'est-elle pas arrêtée avant ?
Pourquoi ?

Sébastien, 11 ans

... Je pense à mon amie cambodgienne, Léa, qui a passé plusieurs années à Marseille.
J'avais appris qu'elle était réfugiée en France avec sa mère, le mari de celle-ci et ses frères et sœurs.
Pendant une soirée passée en sa compagnie j'ai eu la curiosité d'aborder le sujet de la guerre au Cambodge. Pour elle cela semblait un sujet très dur à évoquer. En voyant

son attitude je compris que pour elle-même, si elle s'efforçait d'oublier son enfance au Cambodge, elle n'effacerait jamais de sa mémoire des images tragiques dont elle avait été l'innocente victime.
Parmi les quelques mots qu'avec certainement beaucoup de souffrance elle a pu me dire j'appris que son père avait été tué et qu'elle avait encore un frère au Cambodge. Mais elle ne savait pas s'il était encore vivant.

Dominique, 16 ans
Première, lycée Marseilleveyre

Avril quarante quatre.
Quarante quatre enfants.
Entre des étoiles cousues par les Allemands
Cousues à jamais dans nos cœurs d'adolescents.
Ils s'en vont sans jamais avoir connu leur vingt ans.
Dans les tranchées et les barbelés du camp.

Avril,
Quarante quatre enfants
Déracinés, écartelés par la croix des Allemands.
Des pays mis à feu et à sang
Mais pourquoi ? pourquoi des enfants innocents ?

Avril,
Que reste-t-il des enfants ?
Juste un cri, un hurlement.

Alexandre, 17 ans
Seconde 1, lycée polyvalent Plaine de Neauphle

J'aimerais crier les mots bonheur, paix, justice.
BONHEUR
Mais des enfants travaillent dans les mines.
Des enfants travaillent aux champs, aux bâtiments...
Des enfants drogués.
Des enfants un fusil à la main.
Des enfants violés, assassinés.
Des enfants qui meurent de faim chaque jour.
Des milliers qui cherchent dans les ordures quelque nourriture.
J'ai honte, j'ai peur.
Tristesse, colère, rage, dégoût.
Il faut réagir. Ce n'est pas fatal, ce n'est pas vrai, ce n'est forcément pas vrai...

Martine
Première, lycée Marseilleveyre

L'outrage nous fixe
de son vide noir.
Chaque mot, chaque rire
volé à nos enfants,
chaque larme, sont outrages.
Viol de l'humanité

Pardon à ces enfants
que le pouvoir bafoue.
Pardon à leurs yeux tendres
cherchant dans les décombres
un bonheur, un soleil.
Pardon à ces enfants.

Séverine, 17 ans
Première A1, lycée Marseilleveyre

La mort a-t-elle une signification sans le mot vie
La mort de quarante-quatre enfants peut-on la vouloir
La mort de quarante-quatre enfants peut-on la donner
La mort de quarante-quatre enfants peut-on la distribuer
La mort de quarante-quatre enfants peut-on la parler
La mort est-elle un moyen de montrer la grandeur d'un pays ?

Frédéric,
Première, lycée Garac

J'aimerais crier les mots suffisants pour venger l'humanité avilie,
J'aimerais libérer les hommes de leur souffrance,
J'aimerais clamer l'injustice qui s'abat sur le tiers monde...

Stéphane
Première, lycée Garac

Impossible d'effacer de la mémoire
ces crimes contre l'humanité

Impossible d'ignorer ces camps.
Impossible d'effacer cette volonté de rayer de la terre une race.
Impossible d'ignorer ces destins.
Impossible de ne pas y associer le mot « nazis ».
Impossible d'ignorer la déportation.
Impossible d'oublier l'extermination dans les camps.
Impossible d'oublier les chambres à gaz.
Impossible d'oublier les enfants d'Izieu.

Nicolas
Première, lycée Garac

Chronologie

30 janv. 1933	Adolf Hitler est appelé à la tête du gouvernement en Allemagne.
5 mars 1933	Élections législatives en Allemagne, dans un climat de terreur : Le Parti national-socialiste de Hitler obtient 43,9 % des voix.
20 mars 1933	Ouverture à Dachau du premier camp de concentration pour les opposants au régime nazi.
23 mars 1933	Hitler obtient les pleins pouvoirs pour quatre ans.
1er avr. 1933	Boycott des commerces juifs dans toute l'Allemagne.
14 juil. 1933	Le Parti national-socialiste est proclamé parti unique en Allemagne.
2 août 1934	Après la mort du président Hindenburg, Hitler cumule les fonctions de président et de chancelier du Reich allemand.
15 sept. 1935	Promulgation des lois de Nuremberg qui font des Juifs allemands des citoyens de deuxième classe.
13 mars 1938	Proclamation de l'Anschluss (réunion de l'Autriche à l'Allemagne) après l'invasion de l'Autriche.
30 sept. 1938	Signature des accords de Munich entre l'Allemagne, l'Italie, la Grande-Bretagne

	et la France qui laissent les mains libres à Hitler en Tchécoslovaquie.
7-8 nov. 1938	« Nuit de cristal » : pillage et destruction des biens des juifs dans toute l'Allemagne (91 morts.).
22 mai 1939	Signature d'une alliance militaire entre l'Allemagne nazie et l'Italie fasciste (pacte d'Acier).
23 août 1939	Signature d'un pacte de non-agression entre l'Allemagne de Hitler et l'Union soviétique de Staline.
31 août 1939	Début de l'évacuation des enfants de Paris.
1er sept. 1939	Les troupes allemandes entrent en Pologne sans déclaration de guerre préalable. La France décrète la mobilisation générale.
3 sept. 1939	La Grande-Bretagne puis la France déclarent la guerre à l'Allemagne.
22 mars 1940	Paul Reynaud est investi à la présidence du Conseil en remplacement d'Édouard Daladier, démissionnaire.
10 mai 1940	Début de l'offensive allemande en France et de l'exode.
6 juin 1940	Début de la débâcle : les Allemands ont enfoncé les lignes militaires françaises.
14 juin 1940	Entrée des troupes allemandes dans Paris.
16 juin 1940	Replié à Bordeaux, le gouvernement Reynaud démissionne.
17 juin 1940	Le nouveau chef du gouvernement, Philippe Pétain, demande aux Allemands les conditions de l'armistice.
22 juin 1940	Signature de l'armistice franco-allemand à Rethondes. La ligne de démarcation coupe la France en deux.

29 juin 1940	Installation du gouvernement de Pétain à Vichy.
10 juil. 1940	Le Sénat et la Chambre des députés votent les pleins pouvoirs à Philippe Pétain.
11 juil. 1940	Philippe Pétain promulgue les trois « actes constitutionnels » qui détruisent la République et fondent l'« État français ».
30 juil. 1940	Création des « Chantiers de jeunesse » en zone non occupée.
17 sept. 1940	Instauration du rationnement pour les principaux produits alimentaires.
27 sept. 1940	En zone occupée, les Allemands promulguent une première ordonnance sur les Juifs.
3 oct. 1940	Le gouvernement de Vichy met au point un « Statut des Juifs » qui les exclut de la fonction publique et des professions libérales. Dès octobre 1940 les mesures raciales sont prises dans la zone dite libre.
4 oct. 1940	Le gouvernement de Vichy promulgue une loi qui confère aux préfets le pouvoir d'interner les Juifs étrangers dans des camps spéciaux – créés notamment à Drancy, Pithiviers, Compiègne et Beaune-la-Rolande.
24 oct. 1940	A Montoire, la poignée de main entre Pétain et Hitler scelle la politique de collaboration entre la France et l'Allemagne nazie.
11 nov. 1940	Manifestation publique, spontanée, d'étudiants et de lycéens à Paris, disant leur opposition à l'occupation allemande.
7 déc. 1940	Institution de la prière obligatoire dans les écoles publiques.

13 déc. 1940	Pierre Laval, « dauphin » du maréchal Pétain, est déchu de ses fonctions gouvernementales et arrêté.
10 fév. 1941	Vice-président du Conseil et ministre des Affaires étrangères, l'amiral Darlan devient « dauphin » du maréchal Pétain.
29 mars 1941	Le gouvernement de Vichy crée le commissariat général aux Questions juives à la tête duquel est nommé Xavier Vallat.
Avril 1941	En zone occupée, la ration de pain quotidienne est réduite à 275 grammes.
8 mai 1941	Promulgation d'une nouvelle ordonnance allemande sur les Juifs résidant en zone occupée.
14 mai 1941	A Paris, première arrestation massive de Juifs de nationalité étrangère opérée par la police française.
2 juin 1941	Le gouvernement de Vichy promulgue un second « statut des Juifs » qui renforce celui de 1940.
22 juin 1941	Les troupes allemandes pénètrent en Union soviétique.
7 déc. 1941	Attaque de la flotte américaine par les Japonais à Pearl Harbor qui provoque l'entrée en guerre des États-Unis contre l'Axe.
12 déc. 1941	Arrestation et déportation de 743 personnalités juives de nationalité française à Paris.
20 janv. 1942	A la conférence de Wansee, le général SS Reinhard Heydrich expose le plan nazi d'extermination des Juifs européens.
27 mars 1942	En zone occupée, départ du premier

	convoi de « déportés raciaux » depuis Compiègne et Drancy (11 112 personnes).
16 avr. 1942	A l'appel des élèves du lycée Buffon, manifestation de lycéens dans les rues de Paris pour protester contre l'arrestation d'un professeur.
18 avr. 1942	Pierre Laval devient chef du gouvernement à Vichy.
6 mai 1942	Darquier de Pellepoix est nommé commissaire général aux Questions juives.
29 mai 1942	Une ordonnance allemande institue le port obligatoire de l'étoile jaune pour les Juifs résidant en zone occupée et âgés de plus de six ans.
16-17 juil. 1942	La police parisienne rafle 10 000 Juifs et les parque au Vél' d'Hiv' avant leur déportation.
Août 1942	En zone non occupée, environ 6 500 Juifs de nationalité étrangère sont livrés aux nazis par les autorités de Vichy.
30 août 1942	Mgr Saliège, archevêque de Toulouse, dénonce publiquement les persécutions des Juifs.
11 nov. 1942	Prenant prétexte du débarquement allié en Afrique du Nord, les troupes allemandes franchissent la ligne de démarcation. Suppression de la zone dite libre.
30 janv. 1943	Joseph Darnand crée la Milice française.
Avril 1943	Création de la maison d'Izieu.
	La ration hebdomadaire de viande est réduite à 120 grammes.
1er fév. 1944	Début des représailles massives exercées par les Allemands contre les maquis français.

6 avr. 1944	Arrestation à Izieu et déportation de 44 enfants et de 7 adultes juifs.
10-25 avr. 1944	Bombardements anglo-américains en Normandie.
15 avr.-31 juil. 1944	Mort de 44 enfants et de 6 adultes de la maison d'Izieu.
2 juin 1944	A Alger, le Comité français de libération nationale devient le Gouvernement provisoire de la République française, présidé par le général de Gaulle.
6 juin 1944	Débarquement allié sur les côtes normandes.
10 juin 1944	La division SS *Das Reich* incendie le village d'Oradour-sur-Glane après avoir massacré 642 habitants.
15 août 1944	Départ du dernier convoi de déportés de France.
25 août 1944	Libération de Paris.
27 janv. 1945	Le camp d'extermination d'Auschwitz-Birkenau est libéré par les Soviétiques.
8 mai 1945	Capitulation sans conditions de l'Allemagne.
15 août 1945	Condamné à mort par la Haute Cour de justice, le maréchal Pétain est gracié par le général de Gaulle.
10 mars 1946	Paul Touvier, ancien chef milicien lyonnais, est condamné à mort.
12 août 1953	Ouverture du procès d'Oradour devant le tribunal militaire de Bordeaux.
15 déc. 1961	Au terme d'un procès de huit mois, Adolf Eichmann est condamné à mort à Jérusalem et exécuté.
26 déc. 1964	Le Parlement français adopte à l'unani-

	mité une loi sur l'imprescriptibilité des crimes contre l'humanité.
6 nov. 1965	Condamnation à mort de l'ancien collaborateur Jacques Vasseur, qui sera gracié par le général de Gaulle en février 1966.
23 nov. 1971	Le président Georges Pompidou gracie Paul Touvier.
12 mars 1979	L'ancien haut fonctionnaire de Vichy Jean Leguay est inculpé de crimes contre l'humanité.
5 fév. 1983	Extradé la veille de Bolivie, Klaus Barbie arrive en France et est inculpé de crimes contre l'humanité.
11 mai 1987	Ouverture du procès Klaus Barbie à Lyon.
4 juil. 1987	Klaus Barbie est déclaré coupable des dix-sept crimes contre l'humanité dont il était accusé et condamné à la réclusion à perpétuité par la cour d'assises du Rhône.
Mai 1989	Arrestation de Paul Touvier, inculpé de crimes contre l'humanité.

Autres lectures suggérées...

Le Verger, de Georges-Olivier Chateaureynaud, « Livre de Poche Jeunesse », Hachette

L'Ami retrouvé, de Fred Ulhman, « 1 000 Soleils » ou « Folio Junior », Gallimard

La Clairière, de Michel Albran, « Livre de Poche Jeunesse », Hachette

Un sac de billes et *Simon et l'Enfant,* de Joseph Joffo, « Livre de Poche Jeunesse », Hachette

J'avais deux camarades et *Mon ami Frédéric* de Hans Peter Richter, « Livre de Poche Jeunesse », Hachette

Du soleil sur la joue, de Marylin Sachs, « Castor Poche », Flammarion

Mon enfance en Allemagne nazie et *Tilla,* d'Ilse Koehn, L'École des Loisirs

La Maison rouge, de Peter Berger, « Médium », L'École des Loisirs

Sur la tête de la chèvre, de Aranta Siegal, « Page Blanche », Gallimard

El Romanes, de Sancha Jayat, « Fréquence 4 », Magnard

Le Journal d'Anne Frank, « Folio junior », Gallimard

Elle s'appelait Anne Frank, de Miep Gies, Calmann-Lévy

Rose Blanche, illustré par Innocenti, Script

Quand Hitler s'empara du lapin rose, de Judith Kerr, L'École des Loisirs

La Guerre de Pétros, de Alki Zei, « Livre de Poche Jeunesse », Hachette

L'Enfant d'Hiroshima, de Isoko et Ichiro Hatano, « Folio Junior », Gallimard

Les Jours sombres, de Bernard Solet, La Farandole

La Steppe infinie, de Esther Hautzig, L'École des Loisirs

La Maison vide, de Claude Gutman, « Page Blanche », Gallimard

Rouge Braise, de Rolande Causse, « Folio Junior », Gallimard

Je suis une étoile, de Inge Auerbacher, « Point-Virgule », Seuil

La Lettre allemande, de Geva Caban, « Petit Point », Seuil

Les Enfants d'Izieu. Une tragédie juive. Documentation réunie et publiée par Serge Klarsfeld, président de l'association : « Les fils et les filles de déportés juifs de France »

J'adresse mes plus vifs remerciements à tous les élèves qui ont bien voulu écrire après la lecture de mon texte ainsi qu'à leurs enseignants et aux bibliothécaires qui nous ont aidés.

Je remercie chaleureusement Isabelle Bertola, Nicole Blanchard, Germaine Finifter, Lydie et Roland rappaport, Lucette Savier, Jacky Tremblais et Mme Sabine Zlatin.

COMPOSÉ PAR CHARENTE-PHOTOGRAVURE À ANGOULÊME (CHARENTE)
ET IMPRIMÉ PAR MAME IMPRIMEURS À TOURS (1-96).
DÉPÔT LÉGAL : NOVEMBRE 1989. N° 11402-2 (36404).